इंद्रधनुष

श्रेयुल कांकरिया

Contents

Contents

Contents

धर्म

Contents

सतरंगा

प्रेम

संपूर्ण है वो

अमावस्या के अंधेरे सी शुद्ध भी
और संक्रांत के सूर्योदय सी समृद्ध भी
अग्नि सी पवित्रता जल सी शीतलता
धरा सी स्थिरता तो बादलों सी चंचलता
हर गुण से पूर्ण है वो
अरे खुद में ही संपूर्ण है वो

उसकी आंखे जैसे क्षीर समुद्र
कानों को मानो अर्द्ध चंद्र
रुई से कोमल गाल उसके
इन सबसे सुंदर बाल उसके

उसके माथे पे सजती छोटी सी बिंदिया
आंखों में लगता घना काजल
हाथों में पहनती सुंदर सी चूड़ियाँ
उसके पैरों में खनखनाती पायल

सुंदरता ज़मी तो मानो संपूर्ण धरा है वो
या यू कहूँ स्वर्ग से उतरी हुई
कोकिल कंठी अप्सरा है वो

कहा ना
हर गुण से पूर्ण है वो
अरे खुद में ही संपूर्ण है वो

उस लड़की से मिलकर दुनिया...

उस लड़की से मिलकर दुनिया

मानो महीनों बाद माँ के हाथो के पुलाव सी है

उस लड़की से मिलकर दुनिया

इस भाग दौड़ में एक ठहराव सी है

उस लड़की से मिलकर दुनिया

मेरे पसंदीदा झूलो सी है

उस लड़की से मिलकर दुनिया

मानो गुलाब के सुंदर फूलो सी है

उस लड़की से मिलकर दुनिया
ऐसी जेसे पहले बारिश की सुगंध हो

उस लड़की से मिलकर दुनियाऽऽ
हाँ !!!.....
उस पहने हुए कुर्ते जेसी जो माँ की पसंद हो

उस लड़की से मिलकर दुनिया

मैं फिर तेरे शहर आऊँगा

कभी ना कभी किसी ना किसी काम से
पता नहीं शायद किसी रोज़
मैं फिर तेरे शहर आऊँगा

बस इस उम्मीद के साथ की तू दीखेगी
मैं ख़ुद को फिर उन्ही रास्तों में उन्ही गलियों में पाऊँगा

तुझे देखते ही मैं सब पाकर
उस लम्हे में अपनी पूरी ज़िन्दगी समा कर
फिर तुझमें ही खोजाऊँगा

वो पल कभी न जाये

वो लम्हा बस यूँही थम जाये

जन्मो जन्म बस तुझे ही देखता रहूँ

इतना ही मैं चाहूँगा

कभी ना कभी किसी ना किसी काम से

पता नहीं शायद किसी रोज़

मैं फिर तेरे शहर आऊँगा

प्रेम

बस यह कह देना की मैं प्रेम में हूँ
काफ़ी है क्या ?

माना चाँद को निहारने सा सरल है प्रेम
पर तारों को गिनने सा कठिन भी तो है

प्रेम की परिभाषा में धैर्य और साहस की परीक्षा तो होगी ही

क्यूंकि प्रेम लिखने और बोलने में
बस कुछ शब्दों का ज़ोड़ है
पर करने मेंऽऽ
तुम्हारे समस्त भावो का निचोड़ है

कॉलेज का वो पहला दिन

कॉलेज का वो पहला दिन

वो हसीन चेहरा वो चहकती हसी

ना नाम पता था ना पता था ठिकाना

फिर भी उनको ऐसे निहारा

जैसे वही हो पूरा जमाना

उन की वो गहरी आँखें वो सुंदर गाल

उफ़्फ़ वो होंठ और वो खुले बाल

इन सब से सुंदर उनकी आवाज़

नहीं पता कैसे ज़ेवर थे उनके
पर हाँ इतना बता सकता हूँ
की बड़े ही सुंदर तेवर थे उनके

बुढ़ापे तक का साथ

मैं सिर्फ़ जवानी में ही नहीं
बुढ़ापे तक तुम्हारे साथ निभाना चाहता हूँ

जिसके Dimples की तारीफ़ की है
उसके Wrinkles के नाम पे उसे चिढ़ाना चाहता हूँ

जिस हाथ को आज चूमा है
उसी हाथ को साथ लेकर
जीवन की हर बाधा को डराना चाहता हूँ

जिस दिल के ख्याल से

आज तुम्हें अपनी जान मानता हूँ

उसी ख्याल को जीवन के आखरी पल तक लेजाना चाहता हूँ

मैं सिर्फ़ जवानी में ही नहीं

बुढ़ापे तक तुम्हारे साथ निभाना चाहता हूँ

यादों भरी रातें

किसी की याद ऐसी सताई
की पूरी रात ये आँखे सो ना पाई
हम ना सोए पूरी रात
थक कर खुद रात ही सोगई
उन यादों मे पता भी नहीं चला
की कब सुबह हो गई

फिर बीत गया वो सवेरा
वो दोपहर और वो शाम
अभी भी उन यादों मे ही था हमारा आराम
पूरा दिन याद करना उन्हें
बस यही बन गया था हमारा काम

फिर बीत गया और
एक सवेरा और एक दोपहर और एक शाम
बस यही बन गया था हमारा काम...

तुम करके भी दिखाओ

हम एक हैं हम एक हैं
सब सही है
पर सिर्फ़ कहने से क्या होगा
तुम करके भी दिखाओ

कभी जब वो काम से बाहर गई हो
तो तुम घर को सजाओ
जब लगे की परेशान है सरदर्द है उसे
तो उसके कहने से पहले उसका सर दबाओ
तुम्हे पता है ना की फूल पसंद है उसे
तो कभी कभी ही सही
पर घर लौठते वक्त एक गुलाब ले आओ

हम एक है हम एक है
सब सही है
पर सिर्फ़ कहने से क्या होगा
तुम करके भी दिखाओ

जब वो खाना बना रही हो
तो *plates* तुम लगाओ
कभी बिन उसके कहे
उसे अपने हाथो से खिलाओ
वो *irritated* है तो ठीक है ना
उसे आराम से समझाओ

हम एक है हम एक है
सब सही है
पर सिर्फ़ कहने से क्या होगा
तुम करके भी दिखाओ

ये *film* नहीं असलियत है दोस्त
यहाँ प्यार जो है वो बताना पड़ता है
मैं तुमसे बेहद इश्क़ करता हूँ
ये सिर्फ़ कहना नहीं
करके दिखाना पड़ता है

इश्क़

इश्क़!!!
क्या अजब किसम का गजब सवाल है
जितना सादा उतना बवाल है

कभी उस तारो भरे आसमाँ में
चाँद को तकने सा आसान है ये
फिर कभी उसी तारो भरे आसमाँ में
उन्ही तारो की गिनती सा परेशान है ये

कभी कभी बस हाथ थाम कर सब निभाता है
तो कभी कभी सपनों का रास्ता जानते हुए भी
बस अपनों के लिए रुक जाता है

कभी कभी अपने प्रेम के लिए
अपने प्रेमी को छोड़ देता है
फिर कभी उसी प्रेमी के लिए
सारे रिश्ते सारे नाते...
सारे बंधन तोड़ देता है

कहा ना ये इश्क़ है
अजब किसम का गजब सवाल है
जितना सादा उतना बवाल है

एक दूसरे का साथ

चलो करे कुछ ऐसा की

राम को रखे एक तरफ़

एक तरफ़ सिया हो

तराजू में एक तरफ़ हो जानकी

दूसरी तरफ़ उनके पीया हो

अब देखो

कभी किसी का पलड़ा ऊपर

कभी किसी का पलड़ा नीचे

कभी कभी दोनों समान हो

गृहस्थ्य को कभी प्रभु संभाले

तो कभी माँ के हाथों में प्रभु का कमान हो

जब बहुत सारी ज़िम्मेदारियों से एक थक रहा हो

तो उसकी मदत में दूसरे का हाथ हो

कभी कोई कुछ संभाल लें

कभी कोई कुछ संभाल ले

बस एक दूसरे के साथ

एक दूसरे का साथ हो

अब सोचो

अगर माँ सीता अपना धैर्य त्याग रावण की होजायें

तो प्रभु सेतु क्या विमान भी बनाले तो क्या पाए

या प्रभु अपनी आशा छोड़ वन में ही बैठ जाए

तो माँ का धैर्य भी क्या फल लाए ?

रिश्तों के तराज़ू में दोनों पलड़ो पर भार होना ज़रूरी है

अगर एक भी हार मानले ना तो दूसरा भी गिर जाता है

दोनों के प्रयास के बिना रिश्तों की यह डोर अधूरी है

तो चलिये ना
कभी हम कुछ ज़्यादा मेहनत कर लेते है
कभी वो कर लेंगे
रिश्ता भी तराज़ू ही है
कुछ भार इधर तो कुछ भार उधर
कोशिश तो करते है संभल जाएगा
रिश्ता ही तो है सुधर जाएगा ।

वो चेहरा

कुछ मुस्कुराता सा एक चेहरा
कुछ गुनगुनाता सा एक चेहरा
सब सा ही पर सब से अलग वो
दूसरे चेहरो जैसा ही नूर..
पर सबसे हटके कोहिनूर सा एक चेहरा

क्या बस एक चेहरा है वो ?

अरे कहाँ!

लिखु तो सबसे ख़ूबसूरत शब्द है वो

कहूं तो सबसे उम्दा अल्फ़ाज़ भी वो

उसे खुशी मानु तो सबसे ज़्यादा खुश हूँ मैं

उसे गम मानु तो मुझसे ज़्यादा दुखी भी मैं

वो मेरा बोहत कुछ है

मेरी *phone* की *gallery* का एक पूरा *folder* है वो

जिसपे माथा रख के हस या रो पाऊ ऐसा

Dream Shoulder भी वो...

प्रेम अनंत

ना इस दिल से चाहा तुम्हें
ना इस दिमाग से

ना रूप से चाहा तुम्हें
ना उसके मिसाज से

क्यूंकि ये दिल ये दिमाग
ये रूप ये मिसाज हर सदी में बदलेंगें
हर बार जब तुम इस धरा पे आओगी
तुम्हारे साथ ये भी
हर बार नया रूप ले लेंगें

पर हमने तो चाहा है इस रूह से
और रूह का कोई अंत नहीं ये रूह अनंत है
और जो प्रेम शुरू ही अनंत से हुआ है
उसका कोई अंत कहाँ ?
जो रूह को दूसरी रूह से हुआ हो ऐसा
'प्रेम अनंत'   कहाँ

प्रेम क्या है ?

प्रेम किसी को पाना नहीं होता

प्रेम तो किसी में खोजाना होता हैं

प्रेम किसी को पाना नहीं होता

प्रेम किसी पे लूट जाना होता है

प्रेम किसी का होने से ज़्यादा

प्रेम किसी का बन पाना होता हैं

प्रेम किसी को हासिल करने से ज़्यादा

किसी को ना पाकर भी उसे बेहद इश्क़ कर पाना होता हैं

इसका मतलब ये बिल्कुल नहीं की

प्रेम अपने प्रियतम को पाना नहीं चाहता

पर हाँ इसका मतलब ये जरूर है की

प्रेम अपने प्रियतम को पाने से ज़्यादा उसे जीना चाहता है

दोस्त

ये दोस्त भी ना बड़े अजीब होते है

Lecture bunk भी करवाते है
और exam के पहले पूरा syllabus भी समझाते है

महफ़िल सजे तो खूब ठहाके लगवाते है
और कभी कभी यही कमीने खूब रुलाते है

Crush को message करने से लेकर उससे बात कैसे करें
ये love गुरु की तरह समझातें हैं
और यही दोस्त उस टपरी पे चाय की प्याली पकड़े life
lessons भी सुनातें हैं

ऐसे तो हर कांड में साथ देते हैं
पर कभी कभी साथ देने से पहले खूब डांट लगातें हैं

चिट भी इनकी पट भी इनका
तभी तो ये कमीने यार कहलाते है

ये दोस्त भी ना बड़े अजीब होते है

मैं आपसे बेहद प्यार करूँगा

फिलहाल तो एक तरफा है
पर हाँ जल्द ही इज़हार करूँगा
अगर आपकी हाँ हो
तो में आपको बेहद प्यार करूँगा

सच कहूं तो आप पहली ऐसी लड़की है
जिनसे बात करने से ये होंट घबराते है
जब भी आप सामने से आएँ तो ये पाँव
अपने आप ही पीछे मुढ़ जाते है

आप जब अपनी सहेलियों से
यूं हस्ते हुए बतलाती है
पता नहीं क्यूँ पर ये आँखे
आपको ही तकती रह जाती है

आप मानेंगी नहीं पर
आपकी एक जलक पाने के लिए
पता नहीं कितने ही तामजाम कर चुके हम
सब अपनी प्रेमीका से मरने के वादे कर रहे है
और हमे तो गिनती तक याद नहीं की
इस एक चेहरे पर कितनी बार मर चुके हम

जब आप सादगी में इतनी खूबसूरत है
तो अब मुझे आपका श्रृंगार देखना है
जब आपकी एक जलक से जो ये दिल
इतना आशिकाना हो गया

अब इस दिल को आपका प्यार देखना है

यू तो मैं पीता नहीं

यूँ तो मैं पीता नहीं पर हाँ

ज़िंदगी में एक बार ली थी

जिस जाम के नशे की चर्चा है

छे...

इससे तो कहीं गुना बेहतर हमने भी एक बार पी थी

जिस जाम की दुनिया में बातें हैं

सुना है उसका नशा तो कुछ घंटों में ऊतर जाता है

पर जिस नशे की बात मैं कर रहा हूँ

उसे उतारते उतारते आदमी ख़ुद बिखर जाता है

यारो की एक महफ़िल में
मुझे छोड़ सब ने एक एक ग्लास ली ती
कुछ सालो बाद जब फिर से मिला
मैं अकेला अभी भी नशे में था क्यूँकि
मैंने उनकी आँखो से पी थी

अनोखी आँखे

यूँ तो मैं भी मुसाफ़िर हूँ
देखे है इन आँखो ने भी चेहरे कहीं
लेकिन पता नहीं तेरे चेहरे में ये कैसा नूर है
जिस नूर को देखते हुए
ये आँखे थकती ही नही

जो होंठ हर किसी से बिन सोचे बतलाते है
पता नहीं क्यूँ वही होंठ बस तुझसे बात करने से घबराते है

किसी से कुछ कहना हो तो
मेरे ये लब्ज़ ही मेरी ताक़त बन आतें है
पर जब भी वो चेहरा सामने आता है
कम्बक्त लब्ज़ भी हाथ दे जातें है

जब भी उस चेहरे को निहारता हूँ मैं
ये आँखें पलक तक नहीं जपकाती है
पर जैसे ही वो आँखें इन आँखों को देखती है
पता नहीं क्यूँ ये आँखे अपने आप ही जुक जाती है

जब पहली बार देखा था उस चेहरे को
तो पता नहीं क्यूँ ये दिल खुशी से उभर गया
लोग करते है एक बार मरने के वादे
मैं पता नहीं कितनी ही बार उस एक चेहरे पे मर गया

वो गलत भी तो नहीं

प्रेम तुम्हें हुआ है उनसे उन्हें नहीं
तो वो हाँ बोल दें ये ज़रूरी भी तो नहीं

बस तुम्हें प्रेम है इसीलिए
वो भी प्रेम करे ये सोच सही नहीं
उनकी जगह रहकर तो देखो जनाब
वो गलत भी तो नहीं

माना तुम्हें सच्चा प्यार हुआ है उनसे
और ये प्यार सिर्फ आकर्षण भी नहीं
पर इस समय उनके प्रेम पर ध्यान ना देकर
खुद पर ध्यान देने की सोच गलत भी तो नहीं

हाय .. हाय..

वो तेरी हसी वो तेरे लहराते हुए खुले बाल
उफ्फ वो चेहरा और वो हसीन से गाल

आँखें तो इतनी गहरी तेरी की
मैं तो कतरा हूँ समंदर के समंदर डूब जाए
और काजल का तो ऐसा रंग के
तेरे सामने आने से पहले खुद अमावस्या शर्माए

तेरे होंठों की वो लाली जब भी तुझे देखु मेरा दिल कहे....
हाय!!.... हाय!!....

श्रृंगार

जब उसने अपना हाथ दिखाया
तो ये कंगनों की ज़िद थी की
हमे यहाँ जाना है

जब चलने के लिए उसने पाँव उठाया
तो ये पायलो की ज़िद थी की
हमे यहाँ जाना है

जब वो जुल्फ़े सहला रही थी
और कान उसके दिख गए
तो ये जुमको की ज़िद थी की
हमे यहाँ जाना है

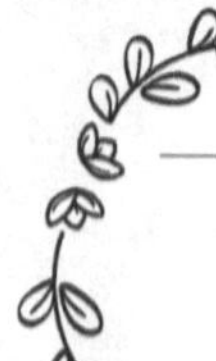

वो तो ज़िद इन श्रृंगारो की ही थी
वरना बिना श्रृंगार के भी
वो क्या खूब दिखती है

तुम्हारी याद ...

रात में नींद ना आई तो दिन में सोना चाहा
पर याद तो तुम दिन में भी आती हो

करवटे भी बदलकर देख ली
पर याद तो तुम उस तरफ भी आती हो

कमबख़्त इन यादों ने सुकून छीन लिया है हमारा
पर क्या करें सुकून है भी तो इन्ही यादों में

अपना सा एहसास

वक़्त बीत जाता है तेज़ी से
जब ये दिल उस दिल के पास होता है
सच कहूँ तो जब उसके साथ होता हूँ
अपना सा एहसास होता है

मानने को तैयार ही नहीं ये दिल की
हम सिर्फ कुछ दिनो से साथ है
लगता ऐसा है की उनसे ये इश्क कुछ दिनो का नही
पर जन्मो पुरानी बात है

मुझमें तुम रह गई हो

मेरे *shirt* में तुम्हारी सुगंध रह गई है
तुम जो दूर हुई मेरी ज़िंदगी मंद रह गई है
दिल तो छोड़ गई तुम
पर अपने साथ उसका टुकड़ा ले गई
तुमने मेरे शेर तो लेलिए
पर कलम तो पीछे ही रह गई

जो मैं लिखु सच होजाये तो ?

———— ✤ ————

क्या होता अगर जो मैं लिखता वो सच हो जाता

मैं चाँद लिखता और तू आजाती
मैं लिखता हतेली और तेरी हतेली मेरी हतेली पर होती
मैं लिखता होंठ और तेरे होंठों पे मुस्कान आती

क्या होता अगर जो मैं लिखता वो सच हो जाता

एक तरफा प्यार

एक तरफा प्यार भी

बड़ी खूबसूरत चीज है

इसमें इश्क़ करने के लिए

सामने वाले का होना तक जरूरी नही

Chat करने के चक्कर में

रात को देर से सोना तक जरूरी नही

Explanation देने के लिए

"She is just my friend "

ये कहना तक जरूरी नही

और तो और ....

प्यार करने के लिए

एक दूसरे के साथ रहना तक जरूरी नही

दिव्या प्रेम

सिया-राम , राधे-श्याम , राजुल-नेम
करना है, करना ही है
तो करो इन जैसा प्रेम

अगर एक दूसरे का स्पर्श और आलिंगन ही प्रेम का
प्रमाण होते
तो आज ना राजुल माँ राजुल होती ना नेम प्रभु नेम होते

और कौन कहता है की प्रेम करने के लिए हमेशा

एक दूसरे के साथ होना ज़रूरी है

क्या एक दूसरे के बगैर प्रेम कहानी अधूरी है ?

अगर आप कहते हैं

तो लगता है आपने माँ राधा और प्रभु श्याम को नहीं जाना

प्रेम स्वरूपी उन प्रभु ग्वाले घनश्याम

को नहीं जाना

और अगर किसी को लगता है

की प्रेम का बंधन लंबे समय तक टिके

इसीलिए सुविधाएँ जरूरी है

तो याद रखिए उस कठोर वनवास में भी

ना प्रभु राम सिया बग़ैर पूरे हैं

ना माँ सिया राम बग़ैर पूरी हैं

प्रेम तो बस प्रेम है

किसी से भी कहीं भी कभी भी होजता है

इसीलिए तो सबसे अनोखा रिश्ता प्रेम कहलाता है

मुझे तो यह तक नहीं लगता कि
प्रेम करने के लिए प्रेमी का होना जरूरी है
अगर आपका प्रेम सच्चा है
तो समझ लें आपकी प्रेम कहानी पूरी है

दिल वाला इश्क़

छै.....

ये भी क्या इश्क़ है तुम्हारा ?

जिसमे दिमाग लगाते हो

अरे! इश्क़ तो वो है जिसमे बिन सोचे

पूरा दिल लुटाते हो

किसी की एक झलक पाने के लिए

घंटों इंतजार करने की इजाज़त ये दिमाग थोड़ी दे पाता है

अरे दिल की दिलकशी तो यहाँ तक है की

किसी को बस देख लेने के लिए घंटों का सफर करवाता है

दिमाग की तो बस ज़िद होती है की उसको पाना है
और दिल कहता है की अगर उसकी ख़ुशी कहीं और है तो
उसे हस्ते हस्ते बस छोड़ आना है

हर बात में
हर रात में
हर जज़्बात में
दिमाग़ लगाते हो
और तुम प्यार का हक़ जताते हो

छै.....
ये भी क्या इश्क़ है तुम्हारा ?
जिसमे दिमाग लगाते हो
अरे इश्क़ तो वो है जिसमे बिन सोचे
पूरा दिल लुटाते हो

दोस्ती

जिस दोस्ती के नाम से हम डरते थे
इस जग को उस दोस्ती के टूट जाने का ये डर कहाँ से
आया है

हर रोज़ मिलते बातें करते
अरे बिन बातों के भी बातें करते
आज उनकी ही बातों में घना सन्नाटा छाया है

आज उस से सही से बात तक नहीं होती
जिसको साथ में ना देख कर लोग पूछते
थे की तेरा साथ वाला कहाँ है
हमेशा तो साथ रहते हो
क्या हुआ आज नहीं आया है ?

जान निकल जाती है

बात वेशभूषा की नहीं हर वस्त्र आप पे सजता है

पर हा होंठो पे हल्की सी लाली लिए

झुमको को कानो में सजाए

छँछनाती हुई पायल के साथ

माथे पे छोटी सी बिंदिया लगाए

अपने पल्लु को संभालते हुए

उस खूबसूरत सी साड़ी में

शर्माति हुए आप जब यूँ हल्की सी मुस्कुराती है

सच कह रहा हू साँसें तो चलती है मोहतरमा

मगर कसम से जान निकल जाती है

सुंदर है सुशील है ......

सुंदर है सुशील है सक्षम है संस्कारी है
एक लड़की है जो बड़ी प्यारी है

नशे से नशीली उसकी आँखे है
Chubby Chubby से *cute* उसके गाल
उसके होंठो पे कुदरती ही है वो लाली
और इन सबसे खूबसूरत उसके वो बाल

थोड़ी ज़िद्दी है
थोड़ी गुस्सैल भी है
उसकी बातें और हरकतें ही बचकानी है
तौफ़े उसको *cute* पसंद है
एक लड़की है जो बड़ी रूहानी है

जब भी सामने आती है
धड़कने तेज हो जाती है
ऐसा नहीं की मैं कोशिश नहीं करता
पर साला बात ही नहीं हो पाती है

अब तो शायद उसे भी भनक लग गई है
की उसको कितना कहता हूँ मैं

मुझे पता है पागल समझेंगे
पर हाँ ऐसी एक feeling है की
जब भी उसके पैरों को देखता हूँ
तो घबरा सा जाता हूँ मैं

चलो छोड़ो ये सब जाके
उसे निहारने का मन कर रहा है
ज़रा उसे निहारके आता हूँ

वो और उसकी अदाएं बड़ी ही न्यारी है
सुंदर है सुशील है सक्षम है संस्कारी है
एक लड़की है जो बड़ी प्यारी है

बेमिसाल

सच कहूँ बेमिसाल हो तुम
जिसका कोई जवाब नहीं
फिर भी पूछने को मन चाहे
वो सवाल हो तुम
जो दुखी मन को खुश करदे
वो ख़याल हो तुम
सच में यार कमाल हो तुम

जुल्फे

जब आप यूँ
जुल्फे गिराकर आँखें झुकाकर
शर्माते हुए हल्की सी मुस्कुराती है
सच कह रहा हूँ मोहतरमा
साँसे तो चलती है
मगर जान निकल जाती है

बिन कहे समझो

मुझे तुझे और हर किसी को

या फिर कहूँ सब को मिल जाए

सफलता ये इतना आसान भी तो नहीं

ज़िंदगी एक रास्ता है ये मुसाफ़िर

तू यूँ ही चलते रहना

मिले गी तुझे भी सफलता

तू सूरज की भाँति जलते रहना

इन अंधेरों से क्या डरना

इन अंधेरों को तुम उजालो में बदलते रहना

तयार

जो कहते थे
की क्या इतना तैयार होना
आज घंटों लगाकर तैयार होने लगे है
सच कह रहे है
जब से इन आँखों ने देखा है उन आँखों को
हम इन आँखों की भी नज़र उतारने लगे है

शाम

कहना तो बहुत कुछ है मुझे
पर यहाँ कह नहीं पाराहा
शायद यहाँ बाधाएँ बड़ी है
बिताना चाहो तो कहना
मेरे पास एक सुंदर सी शाम पड़ी है

भनक

तुझे भनक भी नहीं लगती हमारे इश्क़ की
अगर ये कम्बक्त आँखें बोल नहीं पाती
चलो भनक लग भी जाती
फिर हम तुमसे कह ना पाते
अगर तुम इन आँखों को पढ़ ना पाती

आसमान

तुम आसमान हो मेरा
ये चाँद सितारे श्रृंगार तुम्हारें

सच मानो मेरी धरा भी तुम हो
ये नदी पर्वत अलंकार तुम्हारे

उस शंक की अविस्मरणीय हुंकार हो तुम
उन सातों सुरो की झंकार हो तुम

वो नाच हो तुम
वो मधुर संगीत हो तुम

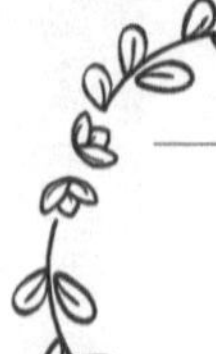

मानो ना मानो
शादियों की वो सुंदर रीत हो तुम
मेरी राधे भी तुम मेरी प्रीत भी तुम
प्रिये मेरी मनमीत भी तुम

रूहानी

इंसानों के शहर में वो परियों की रानी

एक लड़की ही पर बड़ी रूहानी

सबसा ही नूर है वो और

सबसे अलग कोहिनूर भी वो

सबसी ही पर सबसे सुहानी

जिसके संग लिखनी है जन्मो जन्म की कहानी

इंसानों के शहर में वो परियों की रानी

एक लड़की ही पर बड़ी रूहानी

मित्र

आज से कहीं सालों बाद
जब यादों की उस किताब को खोलोगे
तो ये कुछ दोस्त ही तो है
जो याद आयेंगें

जैसे जैसे तुम पन्ने पलटोगे
तो ये कुछ कमीने ही तो है
जो यादों के नाम पे रह जाएँगें

चाय की टपरी के नाम पे
जो खूबसूरत लम्हे गुज़र रहे हो इन कुत्तो के साथ
उन्हें जी भर के जिओ

और जिन दोस्तों के साथ *bunk* से लेकर
exam की एक रात पहले पड़कर भी *top* किया है
उनके साथ भी जी भर के जिओ

क्यूंकि जब बूढ़े होकर किसी *park* में बैठे बैठे ख़ास रहे होंगें
और कोई आके पूछेगा
की आपका भी कोई अज़ीज़ दोस्त था
तो गर्व से सीना चौड़ा कर
एक दूसरे के नाम तो ले पाएंगें

तो मैं क्या लिखू ?

अगर मैं तुझे ना लिखू तो मैं क्या लिखू ?
मैं क्या लिखू ? क्या क्या लिखू ?
और ना लिखू तो क्या ना लिखू ?

मैं जो लिखू तुझपे लिखू
तुझपे नहीं तो तुझसे लिखू
मैं हर बार तुझको लिखू
और तुझे लिखते लिखते
मैं ख़ुद को लिखू
ख़ुद में भी मैं तुझको लिखू

मेरी हर लेखनी का आरम्भ भी तू है
और जब आरम्भ भी तू है
तो अंत भी तू है

अगर मैं तुझे ना लिखू तो मैं क्या लिखू ?
मैं क्या लिखू ? क्या क्या लिखू ?
और ना लिखू तो क्या ना लिखू ?

पापा

बस बनना है कुछ ऐसा
की मेरे पापा कहे बेटा हो तो इसके जैसे

जिंदगी मैं सफल बनो ना बनो
बस बनना कुछ ऐसा
की जब भी ज़रूरत हो तुम्हारी उनको
खड़ा रहे उनके पास बेटा उनके ही जैसा

जिंदगी में कुछ कमाओ या नहीं

ये विश्वास ज़रूर कमाना

की जब भी उनके मन में ये बात आये

की ये समस्याओं का पहाड़ तो बहुत बड़ा है

तब उनका मन बस ये सोच के शांत हो जाए की

अभी उनका बेटा उनके साथ खड़ा है

अगर बनना ही चाहते हो तो बनो कुछ ऐसा

की जब भी तुम्हारे जिक्र की बारी आये

तब उनका सीना गर्व से छोड़ा होजाए

और मन ये सोच कर खुश होजाए की

"है मेरे पास बेटा मेरे ही जैसा "

कान्हा

मैया की डोर से बँधे जो
दुर्योधन की ज़ंजीरे उन्हें बांध न पायी
जिस शौर्य से चक्र उठाया
उसी कोमलता से मुरली बजायी ।

बड़े नटखट , बड़े शरारतीं
मैया ने तो कई बार मार लगायी
पर जब जग कल्याण का विषय आया
मिट्टी खाने वाले मुख ने ही तो गीता सुनायी।

प्रेम किया तो ऐसा की सहस्त्र वर्षों तक
सहस्त्र पीढ़ियाँ उस प्रेम को भुला ना पायी
और जब बात धर्म पर आयी
तो पाँच नादान बालकों को
महाभारत जीता लाए ।

गोपियों के वस्त्र भी चुरायें
द्रौपदी की लाज भी बचायी
जिस प्राक्रम से श्रत्युओं के काल बने
उसी निर्मलता से मित्रों से मीत्रता निभायी ।

जी नहीं !
बात नहीं यह नीलकंठ की , ब्रह्म की या सियापति राम की
बात है यह माधव की कान्हा की
मेरे सुंदर श्याम की।

हनुमान

राम धुन जब चढ़े सिरहाने
यह मन राम में खो जाता है
राम काज की चाह हो बस
तो ये तन भी राम का होजता है ।

उदाहरण :
अरे अंजनिसूतन , केसरीनंदन , तेजप्रताप , महाजगवंदन
ऐसे भक्त की भक्ति से स्वयं भगवान को हरा दे
श्रद्धा ऐसी की वानर सेना लिये रघुनन्दन को जीता दें ।

बल तो ऐसा की बाल्य में ही सूर्य निगल आएँ
और बद्धी ऐसी की समस्या इनके सामने आने से घबराएँ
शौर्य इतना की एक छलाँग में लंका जला आएँ
और कोमल इतने की जल समाधि की खबर सुन बच्चो की
तरह आँसु बहाएँ।

जब बात रघुनन्दन पे आयी
सूर्य को उदित होने से रोक दिया
लखन को बचाने संजीवनीं लिये
उन्होंने हवा का रूख ही मोड़ दिया ।

जिनके नाम मात्र से मन में उत्साह का प्रवाह आता है
वहीं है वो महाबली जो रामभक्त हनुमान कहलाता है ।

राम

राम राम तो सब कहते हो
पर क्या राम को समझ पाओगे ?
धूझ उठेगी र.ख़्त की हर एक बूँद
जिस दिन राम को समझ जाओगे ।

क्या है क्या राम तुम्हारे लिये
मूर्ती, भगवान या चर्चात्मक विषय ?
अरे मूर्ख !!
तीन लोक के नाथ है वो
लीलाधर है, सुखदायन है ,
मैं और तुम हम नर है बस
वो सव्यं नारायण है ।

क्रोध अहंकार और माया को गेल लगाये
तुम कहते हो की राम के हो जाओगे
अरे पहले यह दिखावटी धर्म त्यागो अपना
तब जाके कहीं 'राम' ये नाम कहने के भी योग्य बन पाओगे ।

पता नहीं ये क्या चमत्कार हुआ है
जो नक़ली सनातनियों का भी सनातन जाग उठा है
जिनको मंदिर नहीं अस्पताल या पाठशाला चाहिए थी
आज उनकी जिव्हा पर भी
राम राम ये राग उठा है ।

अरे प्रचलित होने का तरीक़ा बन गया है यह नाम
इसलिए आजकल है जिव्हा पर है
राम राम और राम ।

अपने पिता को आँख दिखाते हो
अद्धार्गिनी पे रौब जमाते हो
और ये सब करके भी
तुम रामभक्त कहलाते हो ?
वाह भई वाह !!

अरे राम राम कहते हो ना

तो उनकी मर्यादा अपनाना भी सीखो

पिता को आँख दिखाना नहीं

बल्कि उनके एक वचन पर

वनवास जाना भी सीखो ।

मैं ये नहीं कहता की राम राम कहना व्यर्थ है

पर जब उनके जीवन से कोई सीख लेनी ही नहीं है तो तुम ही कहो ना

इस नाम का भी क्या अर्थ है ?

राम राम राम

राम को पाना है

राम का होना है

अरे तुम्हारे लिये तो आसान है ना

बस मंदिर ही जाना होगा

अरे मूर्ख उस मूर्ति तक जाने का भी काम नहीं अपने भीतर देखो खोजना मुश्किल होगा

पर राम अपने भीतर ही लाना होगा।

जय सिया राम

बाँके बिहारी

आजकल नाम चर्चे में है बाँके बिहारी का
जिसको पूछो वो कहता की
भई मैं तो भक्त मुरारी का ।

देखा मैंने कहियो को हैं
भक्ति में नाचते गाते और अपना सब कुछ लूटाते
कुछ तो हर पल जपते भी है माला इस नाम की
पर क्या इतना काफ़ी है ?
बंधु ! इतनी सरल लीला नहीं मेरे श्याम की ।

क्या सोचा था सरल है भक्त होना मनमोहन का
नहीं...
हर कृत्य निराला होता है
मधुसुदन का।

जो इन्हें मानते है अपना सब कुछ

यह ले लेते है उनसे उनका बहुत कुछ

प्रश्न का हल माँगो उनसे

उत्तर में और एक प्रश्न खड़ायेंगे

सोच लो लीलधर है बड़े खेल खेलायेंगे।

अपनी भक्तों की परीक्षा लेने में यह कोई कमी नहीं रखते

पर हाँ, एक बार जो पूरे विश्वास से

इनका हाथ थाम ले फिर वो कभी नहीं भटकते।

मेरे कान्हा का तरीक़ा थोड़ा अलबेला है

अपने भक्तों को दिया सब कुछ

पर पहले उसके योग्य बनाया है

आखिर पूरी गीता में भी

कर्म का महत्व ही तो समझाया है।

धर्म – अधर्म

जब दुर्योधन के संग ही खडा होना है

तो तुम्हारे कर्ण होने का क्या है अर्थ

धर्म अधर्म का ज्ञान होकर भी जब अपनी ही ज़िद पर अड़ना है

तो भीष्म होना भी है व्यर्थ

ज्ञान सागर द्रोण होकर भी दुर्योधन के पक्ष से लड़े हो तुम

तो स्मरण रहे हार शत प्रतिशत निश्चित है तुम्हारी

क्यूंकि सर्व गुणों में उत्तम होकर भी

अधर्म के पक्ष में खड़े हो तुम

नारी समान

माथे पे बिंदी आँखो में काजल
हाथो में चुड़ियाँ पैरो में पायल
क्या इतना काफ़ी है ?
माना स्त्री से श्रृंगार है
और स्त्री के बिना श्रृंगार पूर्ण नहीं है
पर जब ज़रूरत हो और
हाथों में धार भरी तलवार ना मिले
तब क्या वो स्त्री अपूर्ण नहीं है ?

अरे ! तुम अंबा हो जगदंबा हो
जहाँ महाकाल को झुकना पड़े
वो काली हो तुम
अपनी शक्ति को जानो पहचानो
कोई ऐरी गैरी नहीं
स्वयं शेरो वाली हो तुम

जब बात तुम्हारे प्राण की हो
बात आत्मसम्मान की हो
वहाँ डरना नहीं है
ना कुछ बोलना है
वहाँ तो शेरनी बन दहाड़ना है
इस बार चीर हरण पे
कृष्ण को नहीं बुलाना है
तुम्हें स्वयं काली बन सारे दुष्टों को फाड़ना है

इस युग की नारी बनो

हे नारियों! युग में बदलाव आ चुका है
अब आपको स्वयं में भी बदलाव लाना होगा

नहीं आयेंगे अब कोई कृष्ण
जब भी द्रौपदी का चीरहरण होगा
स्वयं द्रौपदी को ही शस्त्र उठाना होगा

आपकी ममता और सहनशीलता
को जिन मूर्खों ने दुर्बलता समझा है
अब उनको ये दिखाना होगा
की अगर ममता की सबसे प्यारी मूरत
को छेड़ा जाए तो उसे माँ काली बनने में
क्षण भर का भी समय नहीं लगेगा

किसी और से अपेक्षा रखनी ही क्यूँ है
आपका स्वाभिमान आपको स्वयं ही बचाना होगा

हे नारियों युग में बदलाव आ चुका है
अब आपको स्वयं में भी बदलाव लाना होगा

क्यों आप कहे किसी और से
अपने लिए आवाज़ उठाने को
जब बात है आपके स्वाभिमान की
तो मोर्चा भी आपको ही उठाना होगा

किस बात का भय है
लाज का या समाज का
माफ कीजिए मगर जुर्म सहकर या
जुर्म को देख कर चुप रहजाना लाज है
तो मत रखिए चिंता लाज की

ऐसा नहीं की कोई आपके साथ नहीं
आवाज़ उठाइए थोड़ी हिम्मत दिखाइए
क्यूंकि बात जब नारियों के सम्मान की आयेगी
तो सामने स्वयं हरिहर भी खड़े हो ना
तो यकीन मानिए उनकी भी आँखें आपके सम्मान में झुक
जाएँगी

आजकल की भक्ति

आजकल की भक्ति है ये कैसी ?

बिन शब्दों के कविता जैसी

पूजन में भोग हर किसी को चढ़ाना है

पर कितने हो जिन्हे असल में भूखो को खिलाना है

रोज मंदिर जाते है पूजन करते हो

बड़ी अच्छी बात है

पर घर लौटकर अपने बड़ो का आदर करपाते हो ?

प्रभु के हर कार्य में अपना सर्वस्त लुटाते हो प्रशंसनीय भी है

पर किसी जरूरतमंद के पास क्या ख़ुद को खड़ा पाते हो ?

सुना है ऊपर वाले के दरबार ना गाली गलोच करते हो

ना अक्कड़ दिखाते हो ना ही चिल्लाते हो

और बाहर आते ही सब भूल जाते हो

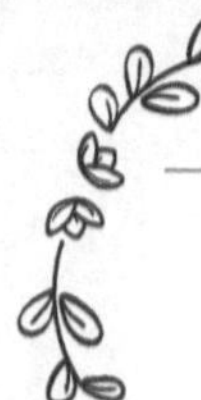

धर्म करो पूजा पाठ करो

करना भी चाहिए

मैं कोई नहीं होता ये कहने वाला

की आपका धर्म करना व्यर्थ है

पर आप ही कहो ना

जिस धर्म से दया करुणा आदर सत्कार आदि भाव मन में ना आयें

उस धर्म का क्या अर्थ है ?

असली धर्म है ये ! ?

एक प्रश्न है मेरा आजकल के कुछ धर्मियों से
बुरा ना मानो तो पुछु भाई
कायरो के भाँति सिया हरण भी करवाते हो
और शिवलिंग के आगे पूजन रखते हो
काम तो सारे रावण जैसे तुम्हारे
और राम के गुण गाते हो

चीरहरण का अन्याय देख के भी चुप रहते हो
धर्म की बातें करते करते अधर्म को भी सहते हो
और ख़ुद को कृष्ण का अनुयायी कहते हो

ऐसे सहस्त्र उदाहरण है मेरे पास देने को
तुम कितने गलत हो मैं यहाँ नहीं आया वो कहने को
मेरा तो एक साधारण सा प्रश्न है
क्या ये सब असली धर्मियों के कर्म है ?
मंदिर बनाना पूजन रखना भोग चढ़ाना
बस इतना ही तुम्हारा धर्म है ?

अरे दिखावट का धर्म त्यागो
समय आगया है अब जागो

धर्म उतना ही नहीं जितना तुमने है सोचा

ये आकाश क्या ये गगन क्या

असली धर्म तो उस ब्रह्मांड से भी ऊँचा

किसी बेजुबान की मदद के लिए जब तुम भागो

किसी रोज़ मन में दया करुणा आदर सत्कार

आदि भावनाओ के साथ जब तुम जागो

अपनी माँ और मातृभूमि के सम्मान के आगे

जब अपने प्राण भी तुच्छ लगे

किसी भी महिला का मान सम्मान सर्वोच्च लगे

जब अपने बड़ो को बड़ो सा आदर दे पाओ

जब अपने छोटो को भी सम्मान दे पाओ

तब समझना की तुमने असली धर्म किया है

दिखावट की भक्ति का कुकर्म नहीं

असली भक्ति का सुकर्म किया है

मोमबतिया

पता नहीं कौन आगया जो नारी सम्मान में
हमें मोमबत्तियाँ जलाना सिखा गया

ये कायरता और नपुंसकता का प्रदर्शन किस पूर्वज ने
दिखाया?
शिव राम या कृष्ण किसने सिखाया ?

अरे हम तो वो है जिन्होंने सिया हरण पे
स्वर्णमय लंका को जला दिया
वानरो की सेना लिए महाबली रावण को हरा दिया

जब किसी नारी को किसी पुरुष ने अहंकार में
अपनी जांगों पे बिठाना चाहा
तो उसकी जांगो को तोड़ा गया
अगर इंद्र भी वासनामय हुए तो इंद्र को भी मरोड़ा गया

नारी सम्मान में अबसे कोई मोमबत्तियाँ पकड़ते दिखे
तो उसके साथ जाने के बजाए
उसे रामायण या महाभारत सुनानी है

अरे मूर्खो
इन पुस्तकों में राम या कृष्ण की नहीं
नारियों के सम्मान की कहानी है

हमारी भूमि भारत भूमि है वीरो की भूमि है
वीर बनना सीखो
कोई किसी नारी के स्पर्श का विचार भी नही करेगा
तुम मोमबत्तियाँ छोड़ तलवार उठाकर तो देखो

स्त्री

स्मरण रहे की नियति धरती और प्रकृति
तीनो ही स्त्री का स्वरूप है
अगर स्त्री का अपमान होगा
तो ना नियति आपका साथ देगी
ना प्रकृति आपके साथ रहेगी
ना धरती आपका बोज सहेगी

यकीन नहीं तो रामायण या महाभारत
दोनों ही इसके उदाहरण है

स्त्री का मान करना सीखो
क्यूंकि जो स्त्री ममता की सबसे प्यारी मूरत होना जानती है
वही स्त्री माँ काली के क्रोध को भी पहचानती है

छोड़ो ना यार जाने दो

छोड़ो ना यार जाने दो
माना वो शख़्स तुम्हें बेहद प्यारा था
उसकी खूबियाँ खामियाँ
पसंद तुम्हें वो सारा का सारा था
पर जो छूट गया सो छूट गया

एक शख़्स को एक दुख को यूं

पकड़ के ना बैठो तुम

जो हो गया सो हो गया

चलो वापस उठो तुम

अभी तो असमान के कहीं तारें टूटेंगें

एक एक कर अपने सारे छूटेंगें

पर तुम्हें स्थिर रहना होगा

ख़ुद को संभाल कर यह दुख भी सहना होगा

कोई नई बात नहीं है

कभी ना कभी हर कोई मायूस होके सोता है

हाँ माना तब मन बहुत रोता है

पर कोई ना होता है

चलो रोलिए ना अब बस उठते है

दुनिया बहुत बड़ी है

यूं बैठने से क्या होगा ?

अभी तो पूरी दुनिया से लड़ना बाकी हैं

अभी तो बहुत कुछ करना बाकी हैं

बोहत सी यादें बनानी है
बोहत सी कहानियाँ सुनानी है
क्यूंकि ये दुख कितना भी बड़ा क्यूँ ना हो
दुनिया अभी भी रूहानी है

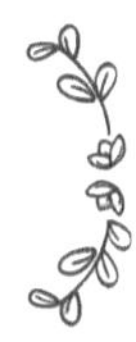

जितने से बेहतर कभी
हर के देखो

कभी कभी जीतने से बेहतर
हार जाना होता है
भागने से बेहतर रुक जाना होता है
स्फूर्ति से बेहतर सुस्ताना होता है
दोस्त कभी कभी ना रण जीतने से बेहतर
रण छोड़ देना अच्छा होता है
क्यूँकि रण छोड़ कर भी रण जीता जा सकता है
थोड़ा सुस्तालो तो स्फूर्ति लौट आती है
रुक कर बेहतर भागा जा सकता है
हार कर बेहतर जीता जा सकता है
बस ज्ञान इस बात का हो की
कब जीतना है और कब बस हार जाना है

भाग पाएगा ?

किस किस से क्या क्या छुपाएगा
हे मानव
सत्य से कहाँ भाग पाएगा
तू सच बताने से कब तक हिचकिचायेगा

हे मानव
किस किस से क्या क्या छुपायेगा
तू कब तक सत्य को मिथ्या बताएगा
सच कहकर तू उस कड़वाहठ को भी कम कर पाएगा
पर जब सच किसी और के मुख से बाहर आयेगा
तो वहाँ सच दिल को चुभ नही जाएगा ?

हे मानव
किस किस से क्या क्या छुपाएगा

मर्द बनो

अबे क्या कर रहा है ?
आँसू से तू अपने आँखो को भिगो नहीं सकता
चुप कर तू लड़का है रे रो नहीं सकता

जो दुख भरे माहोल में
सबको बहलाता है
जो हमेशा *strong* रहे
वही मर्द कहलाता है
चोट लगने पर कभी रो दे
तो वो मर्द नहीं होता
क्यूंकि मर्द है ना वो
और मर्द को कभी दर्द नहीं होता

ये सब हमें बचपन से बताया जाता है
मर्द बनके कैसे रहते है ये सिखाया जाता है

पर सच कहु जो अपने *emotions* को खुल के *express* कर
पाता है
जब रोने का दिल करे तो किसी के सामने खुल के रो जाता है
जब थक जाए तो कुछ पल के लिए रुक जाता है
किसी और को तकलीफ़ में देख कभी कभी ख़ुद आँसू
बाहाता है
वही है जो असली मर्द कहलाता है

डरना नहीं डराना है

माना की तुम्हारे समक्ष बाधायें बड़ी है
ख़ुद क़िस्मत तुम्हें रोकने के लिए खड़ी है मानाऽ......
माना की तुम्हारा बदन
अंतरमन समेत काँप उठा है
पर इसका मतलब ये नहीं
की तुम अपने लक्ष्य से हठो

वही लक्ष्य जिसके लिए
तुम कहीं रातों से नहीं सो रहे हो
वही लक्ष्य जिसका सपना
तुम वर्षों से बो रहे हो

जब तक लक्ष्य ना मिले
तब तक कोशिश करो
अपने डर को डराओ
अपनी बाधाओं को हराओ
किस्मत से भी लड़ो
या फिर किस्मत को ही मनाओ

कुछ भी करो
मगर अब जब ठान लिया है
तो सफलता का ताज अपने माथे पे सजाओ

सुकून

एक चाह थी सुकून की
एक चाह थी सुकून की

उस चाह को ढूंडते ढूंडते
इतना आगे चले आये हम
की पता ही नहीं चला कब
उसी चाह को पीछे भूल आये हम

सफलता

मुझे तुझे और हर किसी को
या फिर कहूँ सब को मिल जाए
सफलता ये इतना आसान भी तो नहीं
ज़िंदगी एक रास्ता है ये मुसाफ़िर
तू यूँ ही चलते रहना
मिले गी तुझे भी सफलता
तू सूरज की भाँति जलते रहना
इन अंधेरों से क्या डरना
इन अंधेरों को तुम उजालो में बदलते रहना

जिओ जी भर के जिओ

दोस्त जब भी मौका मिले
अपनो के साथ वक्त बिताओ

कभी माँ पापा को हसाओ
कभी भाई बहनो का मज़ाक उड़ाओ
कभी ख़ुद के साथ समय बिताओ
कभी परिवार के संग गप्पे लड़ाओ
जिओ यार जी भर के जिओ

कभी ख़ुद को समझाओ
कभी पहाड़ो में भाग जाओ
अरे जीवन है कोई दौड़ नहीं
जीवन को जीवन की तरह बिताओ

सन्नाटा

सन्नाटा वो भी कह जाता है
जो हम कहना नहीं चाहते

दुरियाँ चिल्लाने से या झगड़ने से नहीं बढ़ती है
दुरियाँ तो बस चुप रह जाने से बढ़ जाती है

कभी कभी कुछ समस्याओं में चुप रहोगे
तो वो और उलझ जाएगी
तब चुप मत रहिए
बात कीजिए चिल्लाइए
रोने का दिल करे तो रोलीज़िये
फिर थोड़ा मुस्कुराइए

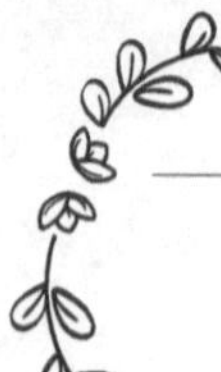

अरे क्या होजायेगा
माफी माँग लीजिए या माफ़ कर दीजिए
समस्या ही तो है सुलझ जाएगी

समस्या बताए बगैर तो कभी कभी भगवान भी नहीं समझते
हम तो फिर भी इंसान ठहरे है ना !!

आत्महत्या

✦

Suicide *जो करता है उसके लिए एक पल की मृत्यु पर
उसके अपनों के लिए हर पल की मृत्यु*

*एसे ही एक व्यक्ति के आत्महत्या करने के बाद उसके पिता
उसको संभोदित करते हुए एक पत्र लिखते है*

*"क्या किया ये? क्यूँ किया ये ?
ऐसी भी क्या दुविधा थी
जो मुझको बता ना पाया तू
'पापा नहीं हो रहा है मुझसे आपकी
ज़रूरत है ' बस इतना कह देता मुझसे
ये तो तेरा हक़ था ना
अपना हक़ भी नहीं जाता पाया तू*

तू गुरूर था मेरा

अपने भाई का बल था तू

अपनी बहन का विश्वास था तू

और अपनी माँ ....

उसके बारे में भी नहीं सोचा ?

उसके लिए तो उसके प्राणों से ज़्यादा ख़ास था तू

मेरा गुरूर तेरे भाई का बल

तेरे बहन का विश्वास

सब सब टुट गया रे

तेरी माँ की वो हसी

घर की वो रौनक

जीवन भर संजोई हुई ख़ुशियाँ

सब छूट गया रे

आज तक मैं कभी नहीं डरा था

कभी नहीं घबराया था

ना कभी हार मानी थी

ना ही कभी डगमगाया था

पर जभ ये खबर सुनी ना

टूट गया मैं हार गया मैं

बस एक बार एक बार कहता मुझसे

सब लुटाता दुनिया से मैं लड़ जाता
पूछता तो ये जो भी था तेरा ही तो था
बस कुछ और पल का अंधेरा फ़िर
सवेरा ही तो था
जीवन में पहली बार डर गया हूँ मैं
बेटा आज जीते जी मार गया हूँ मैं "

समय निकालो...

इससे पहले की समय निकल जाए
थोड़ा समय निकालो

समय निकालो उन बेतुकी बातो के लिए
समय निकालो उन तारो को तकती रातो के लिए
समय निकालो सारे अनकहे जज़्बातो के लिए

क्यूंकि जितना हमे लगता है ना
उतना समय है नहीं हमारे पास
तो समय निकालो

किसके लिए ?

अरे

दीवानगी करने को अपने प्यार के लिए

पागलो सी हरकते कर हसाने को अपने परिवार के लिए

जिससे बहुत दिनों से बात नहीं हुई अपने उस यार के लिए

समय निकालो हर

शायद अगर मगर के लिए

अरे उठो सजाओ समय निकालो अपने ही घर के लिए

समय निकालो रुक जाने के लिए

समय निकालो थक जाने के किए

समय निकालो सुस्ताने के लिए

समय निकालो स्वाद से आराम से खाना खाने के लिए

इससे पहले की समय निकल जाए

थोड़ा समय निकालो

रोको तुम मैं भी तो देखु ...

रोको तुम मैं भी तो देखूँ
कब तक रोकोगी
मुझे गिराना बेशक तुम्हारे काबू में है
पर मेरा फिरसे उठपाना नहीं

मेरे सजाए हुए सपनों को हर बार उतल-पुतल करना बेशक
तुम्हारे काबू मैं है
पर फिरसे अगली बार मेरा उन्हें सजाने के लिए हिमत जुटा
पाना नहीं

तुम ज़्यादा से ज़्यादा मुझे डरा सकती हो

पर जब तक मैं हार नहीं मानलू

तब तक हरा नहीं सकती

माना तुम किस्मत को वाक़या बदलने तुम्हारे लिए आम है

पर बदलते वाक़या से जीत पाना यही तो ज़िंदगी का नाम है

चलो आज एक वादा रहा तुमसे के

मुझे हराने की कोशिश में तुम थक जाओगी

पर आख़िर तक अपनी हर कोशिश नाकाम पाओगी

कभी खुद बनकर भी देखो

किसी को बनना है राम सा तो किसी को कलाम सा
किसी को बनना है गांधी सा तो किसी को सलमान सा
सबको बनना है किसी ना किसी के जैसा
लेकिन है कोई जो बन सकता है खुद सा?

कभी खुद में झाँका है या कभी खुद को आंखा है
झांको कभी खुद में देखो शायद तुममें ही किसी कोने में कुछ
अनोखा छुपा हो
या उस ऊपर वाले ने तुम्हारे लिए कुछ अनोखा लिखा हो

ज़रूरी नहीं की तुम्हारा दिमाग़ चले

Engineering वाली job में

या ख़ुश हो तुम्हारा दिल

Doctor बनने के ख़्वाब में

ऐसा भी हो सकता है तुम दुनिया से अलग हो

पर इसका मतलब यह बिल्कुल नहीं तुम ग़लत हो

खुद के नए अनोखे सपने देखो और उन्हें पूरा करना भी सीखो

कभी खुद बनकर भी देखो

करो मत कोई काम इसलिए की तुम्हें कोई है सुनाता

करो वो काम जो तुम्हारे मन को है भाता

मत बनो तुम किसी और के जैसा

क्यूंकि जो तुममें है किसी में नहीं कुछ वैसा

अगर बनना ही है तो बनो ख़ुद जैसा

जरूरी नहीं जो तुम्हें पढ़ाया जाए उसे ही सही मानो

अगर लगता है कुछ गलत तो उसके बारे में कुछ गहरायी से जानो

तुम लोगो से अलग हो और कोई तुम्हारे काम को नहीं
समझता
इसका मतलब यह नहीं तुम गलत हो अलग तो नरसिंभ भी थे
तो क्या वो गलत थे ?

रुको मत इसलिए के लोग कुछ कहते है
कौन हो तुम ? क्या है वजूद तुम्हारा ?
लोगो ने तो उस जगत जननी सीता को भी नहीं छोड़ा था
तो क्यूँ तुम्हे लोगों की बात सुनकर दुखी है रहना
कहने दो लोगो का तो काम है कहना

जियो मत किसी और की बातें सुनकर
या ढूंढो मत किसी और को उस जैसा बनने के लिए
ढूँढना ही है तो खुद को ढूँढो
कभी खुद बनकर देखो

बड़ा मुश्किल काम है पर जीना इसी का नाम है

हर कोई इस दुनिया में आता है
और कुछ समय जी कर फिर लौट जाता है
लेकिन है कोई ऐसा जो यहाँ सही मायनो में जी पाता है

सपने देखो और पूरा करो
और पूरा ना हो तो
उन सपनो के लिए पूरी दुनिया से लड़ो
हाँ यह बड़ा मुश्किल काम है
पर बंधु जीना इसी का तो नाम है

दुनिया की झंझटो में हम इतने खो जाते है

की इन्ही झंझटो में हम खुद को खो जाते है

उन झंझटो में ही खुद को ढूँढना है

हाँ यह भी बड़ा मुश्किल काम है

पर बंधु जीना इसी का नाम है

कभी कभी बहुत मेहनत करने के बाद भी fail होजाओ

तो रोना आता है

तब कहीं कहते है की रोने से क्या होगा ?

छोड़ो दूसरा कुछ करते है

अरे रोने से ही सब कुछ होगा

ऐसा कुछ होजाए तो

कमरे में रोलो अकेले में रोलो

पर जब अगली बार सुबह उठो ना

तो सुबह उस चीज को पाने के लिए फिर से मेहनत करो

इतनी मेहनत करो की वो नाकामयाबी भी शर्मा जाए

कहे नहीं ! इसे तो कामयाब ही होना था

हाँ यह भी बड़ा मुश्किल काम है

पर बंधु जीना इसी का नाम है

जब कभी अटक जाये और लगे की यह क्या कर रहा हूँ

यह सही तो है ना ? या यूँही भाग रहा हूँ

तब कुछ पल के लिए थम जाओ

सब भूल जाओ और खुद में खो जाओ

पूछो खुदसे अगर जो जवाब मिले

की गलत कर रहे हो तो छोड़ो कुछ और सोचो

अगर जवाब मिले की सही कर रहे हो

तो कोई भी क्यूँ ना कहे कुछ भी क्यूँ ना कहे लगे रहो

हाँ यह भी बहुत मुश्किल काम है

पर बंधु जीना इसी का नाम है

तो बच्चों की तरह जीयो

खुल के नाचो गाओ जो मन चाहे वो करो खुश रहो

हाँ लोग पूछेंगे छोटी बच्ची हो क्या ?

पर जो इस पल को खुल के ना जीया

तो भला क्या जीया क्यूँकि .....

हाँ यह भी बहुत मुश्किल काम है

पर बंधु जीना इसी का नाम है

खुद को मत बदलो

हाँ अगर खुद के लिए खुद को बदलना है
जरूर ही बदलाव लाओ
पर अपने आप को इतना भी ना बदलो
की फिर खुदको ही पहचान ना पाओ

कहीं बार परिवार के लिए
तो कहीं बार प्यार के लिए
कहीं बार अपनों के लिए
तो कहीं बार सपनों के लिए
हम खुद को इतना बदल जाते है
की अपनी अनोखी पहचान ही खो जाते है

हम हम है और हम सबसे
Excellent, सबसे *Brilliant,*
सबसे *Unique,* तभी है
जब हम हम है !

वरना खुद को बदलने के बाद
अगर हमारे पास सब कुछ हो
परिवार प्यार अपने और सपने हो
तब भी अगर आप खुश ना हो
तो भला खुद को बदल कर क्या पाया

जिंदगी

तुझे और सुंदर बनाने की कोशिश में
तुझे ही वक्त नहीं दे पा रहा हूँ मैं
ऐ जिंदगी तेरे खातिर तुझे ही नहीं जी पा राहा हूँ मैं

तेरा अगला पल कैसा होगा इस सोच में
इस पल को नहीं जी पा राहा हूँ मैं
तेरा बीता पल कैसा गया ना
यह सोचते सोचते इस पल को भी खोता जा हूँ

तुझमें कुछ हासिल करने के लिए
रोज़ मंज़िल को खोजता जा राहा हूँ मैं
पर ऐसा लगता है की मंज़िल को खोजने के चक्कर में
तुझे ही खोता जा राहा हूँ मैं

तुझमें ही इतनी ख़ुशी है की
बया नहीं कर पता हूँ मैं
और कभी कभी तू ऐसे खेल खिलाती है
की तुझ मैं ही फस जाता हू मैं

जिंदगी तू बहुत अच्छी है पर
कभी कभी तुझसे परेशान हो जाता हूँ मैं
तब तू कुछ ऐसा जादू दिखाती है
की तेरे मोह में फिर से बाँवरा हो जाता हूँ मैं
जिंदगी तुझमें बहुत कुछ करना है
सबके साथ रहना है
सबको हर चीज को समय देना चाहता हूँ मैं
पर क्या करूँ कुछ को समय देते देते
औरो को समय ही नहीं दे पाता हूँ मैं

अब तुझे और सुंदर बनाना नहीं
तेरी सुंदरता को निहारना चाहता हूँ मैं
अब यह मंजिल के लिए नहीं
पर मंज़िल को ही जीना चाहता हूँ मैं

हे ज़िंदगी अब तेरे लिए नहीं पर तुझे ही चाहता हूँ मैं

कहानी

आज की आग बन जाएगी कल पानी
आख़िर में सब हो जायेगी कहानी

लेकिन अगर वो कहानी तुम्हें आगे है सुनानी
तो भर पूर जियो इस जीवन को मेरे जानी

किसे पता आज जो बादल बरस रहे हैं
वो कल भी बरसेगा
जिस पानी को तू यूँही बाहा देता है
उसकी एक एक बूंद के लिए तू काल तरसेगा

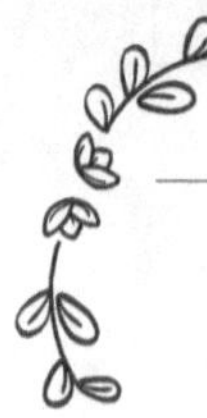

जो हवाओ की लहरें आज हैं
किसे पता की कल वो आयेंगी
शायद कल वो तुझे भी अपने संग उड़ा ले जायेंगी

आज का खट्टास कल मिठास बन जाएगा
आख़िर में सब कुछ इतिहास बन जाएगा

किसे पता की वो सूरज कल आयेगा
अपने संग वो नई उमंग भी लायेगा
नहीं यह पल तुझे कोई जी लौटायेगा

देख ले इस जग की सुंदरता को तू भरपूर
कल शायद तेरे नयन होजायें तुझसे दूर

आज की आग बन जाएगी कल पानी
आख़िर में सब होजायेगी कहानी

मंज़िलों की मुश्किलें

हाँ माना के तुम्हारें मंजिल के
रास्तें में मुश्किलें बहुत खड़ी है
पर जिस मंजिल के लिए तु भाग रहा है
वो मंजिल भी तो बड़ी है

जब तुने इतने बड़े लक्ष्य का सपना
देखना सीख लिया है तो
उतनी ही बड़ी मुश्किलें भी
देखना सीखना होगा

और जब लक्ष्य हासिल
करने की इतनी ही भूख है
तो मुश्किलों का मुकाबला
भी तो करना ही होगा

इन मुश्किलों की वजह से
कभी रुक मत जाना
इन मुश्किलों के सामने
कभी झुक मत जाना

क्यूँकि इन मुश्किलों के सामने वो है
जिसका सपना तुमने बोया था
इन मुश्किलों के सामने वो है
जिसको पाने के लिए तू कहीं रात नहीं सोया था

इन मुश्किलों के सामने वही है
जिसके लिए तूने अपना सब कुछ दिया था
इन मुश्किलों के सामने वही है
जिसके वजह से तूने कहीं बार अपने दिल को सिया था

हाँ मुश्किलों का अंधेरा आयेगा

वो तुझे डरायेगा

अगर तू डरा तो अगला सवेरा नहीं देख पायेगा

पर अगर तूने उस डर को डराया

तो उस डर की इतनी औक़ात नहीं

की वो फिर तेरे पास आयेगा

हाँ माना के तुम्हारें मंजिल के

रास्तें में मुश्किलें बहुत खड़ी है

पर जिस मंजिल के लिए तू भाग रहा है

वो मंजिल भी तो बड़ी है